ABNEHMEN mit Nudeln

MIT 50 PASTA-REZEPTEN ZUM WOHLFÜHL-GEWICHT

DIE NEUEN **HÜLSENFRÜCHTE**-HELDEN

Sabrina Sue Daniels

EMF
EIN BUCH DER EDITION MICHAEL FISCHER

ABNEHMEN mit Nudeln

INHALT

S. 116

S. 66

S. 100

INHALT

S. 118

S. 114

S. 122

ABNEHMEN MIT *Nudeln*

Nudeln aus Hülsenfrüchten liegen absolut im Trend! Sie sind gesund, richtig lecker, low-carb und tragen trotz vollem Nudelgenuss zum Abnehmen bei.

Dieser Abnehmeffekt hat auch seinen Grund. Im Gegensatz zur herkömmlichen Hartweizen-Variante sind die Nudeln voll mit vielen gesunden Inhaltsstoffen. Die Hülsenfrüchte-Nudeln bestehen zu 100 % aus dem jeweiligen Mehl der Hülsenfrucht und enthalten keine Konservierungs- und Zusatzstoffe.

Die bunte kalorienreduzierte Pasta tritt in den schönsten Formen und Farben im Nudelregal auf: Casarecce aus Kichererbsen, Penne aus roten Linsen, Spaghetti aus schwarzen Bohnen und Spirelli aus grünen Erbsen sind nur kleine Einblicke in die große Pastavielfalt.

NUDELN SATT

Die Rezepte in diesem Buch umfassen nicht die typische Portionsangabe von 100–125 g Nudeln pro Portion, sondern liegen zwischen 60 g und 80 g.

Der Grund dafür liegt in der Tatsache, dass Nudeln aus Hülsenfrüchten durch die komplexeren Kohlenhydrate länger sättigen als herkömmliche Hartweizen-Nudeln. Beim Essen sollte man aber dennoch immer die Faustregel beachten, dass etwa 20-Mal gekaut und das Gericht in Ruhe und bewusst genossen werden sollte. Denn das Sättigungsgefühl des menschlichen Körpers setzt erst nach etwa 20 Minuten ein, weshalb Du Dir schnelle Snacks und das „Brötchen auf die Hand" auf jeden Fall abgewöhnen solltest.

Abgesehen von dem Zeitfaktor spielt das Umfeld eine wichtige Rolle bei der Nahrungsaufnahme. Fernseher, Handy und Tablet verleiten schnell zum unbewussten Essen und damit meist zu einer erhöhten Kalorienzufuhr. Nimm Dir Zeit zum Essen!

BALLASTSTOFFE, VOLLE KRAFT VORAUS

Hülsenfrüchte-Pasta enthält eine ganze Menge an Ballaststoffen, das heißt Dein Körper muss mehr Energie aufwenden, um sie zu verwerten. Im Vergleich zu herkömmlichen Hartweizen-Nudeln mit nur 2 % Ballaststoffe auf 100 g, punkten Hülsenfrüchte-Nudeln mit rund 10 % dieser Nährstoffe.

Mit ihrem hohen Ballaststoffgehalt unterstützen die Nudeln eine gute Verdauung. Sie quellen im Darm auf, sättigen länger und regen die Darmtätigkeit und damit die Verdauung an.

Achte auf eine ausreichende Flüssigkeitszufuhr von mindestens 1,5 Liter pro Tag, um Deinen Körper bei der Ballaststoff-Verwertung zu unterstützen und Verdauungsproblemen vorzubeugen. Nicht nur Du, sondern auch Dein Körper muss sich am Anfang erst an die Ernährungsumstellung gewöhnen.

KOHLENHYDRATE SIND OKAY, DOCH AUF DIE RICHTIGEN KOMMT ES AN!

Wenn Du Dir die Nährwertangaben der Hülsenfrüchte-Nudeln anschaust, wirst Du erkennen, dass sie natürlich nicht ganz ohne Kohlenhydrate auskommen. Im Gegensatz zu herkömmlichen Hartweizen-Nudeln haben sie aber einen deutlich geringeren Kohlenhydrat-Anteil.

Was ist nun der genaue Unterschied und warum solltest Du im Supermarkt auf die hochpreisigeren Nudeln aus Hülsenfrüchten zurückgreifen? Die Erklärung ist relativ einfach: Hülsenfrüchte kommen zwar nicht ohne Kohlenhydrate aus, aber es sind die guten, die sogenannten komplexen Kohlenhydrate. Sie werden im Gegensatz zu einfachen Kohlenhydraten von unserem Körper langsamer zerlegt, was zur Folge hat, dass sie erst nach und nach in die Blutbahn gelangen und der Blutzuckerspiegel nicht schlagartig in die Höhe schießt und ebenso wieder abfällt.

Der Blutzuckerspiegel bleibt messbar länger konstant und die Energieversorgung ist somit über einen längeren Zeitraum gewährleistet.

Das tolle Fazit daraus ist, dass Du ein längeres Sättigungsgefühl hast und ungeliebte Heißhungerattaken ausbleiben.

GESUNDE EIWEIßLIEFERANTEN ... VOLLE KRAFT VORAUS!

Kichererbsen-Spirelli und Co. liefern neben komplexen Kohlenhydraten auch viel pflanzliches Protein, daher werden sie auch oftmals als Protein-Pasta bezeichnet.

Eiweiß gehört neben Kohlenhydraten und Fetten zu den wichtigsten Vertretern der Hauptnährstoffe. Unser Körper benötigt Eiweiß für den Muskelaufbau, den Hormonhaushalt sowie für den Transport von lebenswichtigen Stoffen.

Das Protein Hämoglobin, der rote Blutfarbstoff, ist zum Beispiel für den Sauerstofftransport in unsere Körperzellen verantwortlich. Im Muskel wiederrum dient das Protein Myoglobin als Sauerstoffspeicher.

Damit unser Körper das pflanzliche Eiweiß gut aufnehmen und weiterverarbeiten kann, muss es in viele kleine Bestandteile gespalten werden. Durch diesen Vorgang wird der Stoffwechsel stark angekurbelt und wir verbrennen bereits während der Verdauung Kalorien.

Trotz guter Kohlenhydrate und erhöhtem Verbrennungsbedarf gilt auch hier: Ohne regelmäßige Bewegung und sportliche Betätigung purzeln die Pfunde langsamer. Versuche genug Bewegung in Deinen Tagesablauf einzubauen, das regt zusätzlich die Verdauung und den Stoffwechsel an und sagt den lästigen Kilos den Kampf an.

1. Kichererbsen-Nudeln

Nährwerte pro 100 g:
360 kcal
5,8 g Fett
50 g Kohlenhydrate
14 g Ballaststoffe
20 g Eiweiß

Neben ihrem hohen Eiweiß- und Ballaststoffgehalt sind Kichererbsen-Nudeln vollgepackt mit vielen gesunden Nährstoffen und Vitaminen, beispielsweise Eisen, Calcium, Vitamin A, C, D und E.

Wie schmeckt's:
Kichererbsen-Pasta ist schön bissfest. Sie hat einen leicht nussig-mehligen Geschmack, der jedoch nicht aufdringlich ist und perfekt mit Tomatensaucen und Pesto harmoniert.

Fans von Hummus und Falafel werden diese Pasta-Variante lieben.

2. Linsen-Nudeln

Nährwerte pro 100 g:
349 kcal
1,9 g Fett
57,8 g Kohlenhydrate
5,1 g Ballaststoffe
22,6 g Eiweiß

Linsen-Nudeln punkten genau wie die anderen Hülsenfrüchte-Nudeln mit einem hohen Eiweißgehalt und vielen gesunden Nährstoffen und Vitaminen.

Wie schmeckt's:
Wer Linsen mag, liegt bei der Linsen-Pasta genau richtig denn sie hat einen intensiven Linsengeschmack, der mit einer leicht nussigen Note kombiniert ist.

3. Bohnen-Nudeln

Nährwerte pro 100 g:
325 kcal
5,3 g Fett
14,3 g Kohlenhydrate
19,6 g Ballaststoffe
45,3 g Eiweiß

Schwarze-Bohnen-Nudeln sind die Gewinner, wenn es um den Eiweißgehalt geht, denn mit rund 45 g pflanzlichem Protein auf 100 g Lebensmittel stehlen sie allen anderen Sorten die Show.

Wie schmeckt's:
Schwarze-Bohnen-Pasta ist sehr mild im Geschmack und lässt sich mit vielen Zutaten kombinieren. Der optische Eindruck ist etwas gewöhnungsbedürftig, aber mit der richtigen Sauce umso leckerer.

4. Erbsen-Nudeln

Nährwerte pro 100 g:
339 kcal
2,2 g Fett
55 g Kohlenhydrate
7,5 g Ballaststoffe
22 g Eiweiß

Erbsen-Pasta ist nicht nur schön grün, sondern auch reich an Vitamin A und C. Daneben kann sie auch mit essenziellen Mineralstoffen wie Eisen, Magnesium, Calcium, Zink und Folsäure punkten.

Wie schmeckt's:
Erbsen-Pasta ist im Gegensatz zu den anderen Hülsenfrüchte-Nudeln dominanter im Geschmack. Sie schmeckt intensiv und sehr angenehm nach Erbsen.

5. Konjak-Nudeln

Nährwerte pro 100 g:
10 kcal
0 g Fett
0,8 g Kohlenhydrate
0 g Ballaststoffe
0,5 g Eiweiß

Konjak-Nudeln, auch Shirataki-Nudel (japanisch für „weißer Wasserfall") genannt, werden aus der Konjakwurzel (Amorphophallus konjac) hergestellt und ist somit kein Hülsenfrüchte-Produkt.

Die Knolle der Teufelszunge ist anders, als ihr aussehen vermuten lässt, keine Züchtung aus dem Labor, sondern schon seit Jahrhunderten fester Bestandteil der japanischen Küche.

Die Konjakwurzel wird zur Herstellung von Pasta getrocknet und anschließend zu Pulver vermahlen. Hauptbestandteil davon ist Glucomannan, ein löslicher Ballaststoff, der ein frühzeitiges Sättigungsgefühl erzeugt und so beim nachhaltigen Abnehmen helfen kann.

Beim Verzehr von Shirataki-Nudeln ist auf eine ausreichende Flüssigkeitszufuhr zu achten, da Konjak-Pulver zum Großteil aus Ballaststoffen besteht, welche Wasser binden. Shirataki-Spaghetti sind im Gegensatz zu konventionellen Nudeln fester in der Konsistenz und zersetzen sich nicht so schnell. Bei unzureichender Flüssigkeitszufuhr kann es daher zu Verstopfung oder Erstickungen kommen. Menschen mit Schluckbeschwerden sollten auf den Verzehr von Konjak-Nudeln verzichten.

DAS SOLLTEST DU BEI DER ZUBEREITUNG DER HÜLSENFRÜCHTE-NUDELN UNBEDINGT BEACHTEN:

1. Die Kochzeit auf der Verpackung einhalten! Jeder Hersteller gibt die passende Kochzeit an. Beachte diese zwingend, da die Nudeln sonst matschig werden und ihre Form verlieren.
2. Hülsenfrüchte enthalten viele Proteine, deshalb schäumen sie beim Kochen sehr stark. Hier empfehlen sich ein großer Topf und eine geringe Hitze, bei der die Nudeln nur leicht köcheln. Ein Überlaufschutz auf dem Topf verhindert das Überschäumen der Hülsenfrüchte-Pasta.
3. Nudeln aus Hülsenfrüchten sind sehr stärkehaltig, dadurch sind sie ein wenig klebriger als Hartweizen-Nudeln.

WO KANN ICH DIE PASTA AUS HÜLSENFRÜCHTEN KAUFEN?

Die neuen Helden kannst Du mittlerweile in jedem Supermarkt, Reformhaus oder auch online kaufen. Von Spirelli über Drelli bis Spaghetti gibt es die Hülsenfrüchte-Pasta bereits in allen erdenklichen Formen und Farben.

REZEPTSYMBOLE

Vegetarisch:

Vegan:

REZEPTE

KICHERERBSEN-Nudeln

SPINAT-SPAGHETTI-
Muffins

Nährwertangaben pro Portion:
83 kcal | 7,0 g Eiweiß | 2,7 g Fett | 6,6 g Kohlenhydrate | 1,7 g Ballaststoffe

ZUTATEN:

125 g Kichererbsen-Spaghetti
1 rote Zwiebel
1 Knoblauchzehe
125 g Baby-Spinat
125 g gelbe Kirschtomaten (12 Stück)
1 TL Rapsöl
4 Eier (Größe M)
150 ml Milch
200 g Frischkäse (fettreduziert)
Salz, Pfeffer

Zubereitungszeit | 20 Minuten
Backzeit | 20 Minuten

für 12 Muffins

ZUBEREITUNG:

1. Die Kichererbsen-Spaghetti nach Packungsanleitung bissfest garen. Den Backofen auf 180 °C Ober-/Unterhitze vorheizen und eine Muffinform fetten. Die Spaghetti nestförmig in die Muffinförmchen schichten und zur Seite stellen.
2. In der Zwischenzeit Zwiebel und Knoblauchzehe schälen und fein hacken. Den Baby-Spinat waschen und trocknen. Die Kirschtomaten waschen, trocknen und halbieren.
3. Das Rapsöl in einer Pfanne erhitzen. Darin Zwiebel und Knoblauchzehe bei mittlerer Hitze anbraten. Anschließend den Babyspinat hinzugeben und so lange braten, bis er leicht in sich zusammenfällt.
4. In einer Schüssel die Eier aufschlagen und mit Milch und Frischkäse cremig rühren. Salzen und pfeffern.
5. Den Spinat zur Eiermasse geben und über die Spaghetti gießen.
6. Die Muffins im vorgeheizten Backofen 15–20 Minuten goldbraun backen. Nach dem Backen mit den halbierten Tomaten belegen und warm genießen.

SPAGHETTI ALFREDO
mit Champignons

Nährwertangaben pro Portion:
449 kcal | 24,5 g Eiweiß | 18,3 g Fett | 39,8 g Kohlenhydrate | 12,1 g Ballaststoffe

ZUTATEN:

130 g Kichererbsen-Spaghetti
1 Knoblauchzehe
1 rote Zwiebel
200 g Champignons
1 Stängel Estragon
35 g Cashewmus
125 ml Hafercreme Cuisine
2 EL Pastawasser
1 TL Hefeflocken
½ TL Gemüsebrühe
frisch geriebene Muskatnuss
Salz, Pfeffer

Zubereitungszeit | 35 Minuten

für 2 Personen

ZUBEREITUNG:

1. Die Kichererbsen-Spaghetti nach Packungsanleitung bissfest garen. Etwas Pastawasser zurückbehalten. Den Backofen auf 220 °C Ober-/Unterhitze vorheizen.
2. In der Zwischenzeit den Knoblauch schälen und fein hacken. Die rote Zwiebel schälen, halbieren und in Ringe schneiden. Die Champignons putzen und zusammen mit den Zwiebeln und dem gehackten Knoblauch in eine antihaftbeschichtete Auflaufform legen und im Backofen 10–12 Minuten garen.
3. Den Estragon waschen, trocken schütteln und fein hacken.
4. Cashewmus, Hafercreme und Pastawasser in einen Topf geben und zum Kochen bringen. Anschließend mit Hefeflocken, Gemüsebrühe, Muskat, Salz, Pfeffer und Estragon würzen.
5. Die Spaghetti in die Sauce geben und zusammen mit den Champignons und Zwiebeln dekoriert servieren.

SCHARFER KICHERERBSEN-Burger

Nährwertangaben pro Portion:
368 kcal | 36,1 g Eiweiß | 6,8 g Fett | 35,2 g Kohlenhydrate | 10,6 g Ballaststoffe

ZUTATEN:

150 g Kichererbsen-Spaghetti
35 g Frischkäse (fettreduziert)
1 TL Ajvar
Salz, Pfeffer
8 Blätter Blattspinat
4 Blätter Basilikum
4 Kirschtomaten
110 g Sauermilchkäse (z. B. Harzer Rolle oder Handkäse)
1 TL Rapsöl

Zubereitungszeit | 35 Minuten

für 2 Personen

ZUBEREITUNG:

1. Die Kichererbsen-Spaghetti nach Packungsanleitung bissfest garen. In der Zwischenzeit den Frischkäse mit dem Ajvar cremig rühren und mit Salz und Pfeffer abschmecken.
2. Den Blattspinat, die Basilikumblätter und die Kirschtomaten waschen und trocknen. Die Kirschtomaten und den Sauermilchkäse in Scheiben schneiden.
3. Das Rapsöl in einer beschichteten Pfanne mit einem Küchenpinsel gut verstreichen.
4. Aus den Spaghetti 4 Patties formen und in der heißen Pfanne, bei mittlerer Temperatur 5 Minuten goldbraun braten.
5. Die Patties mit dem Frischkäse-Ajvar-Dip bestreichen. Anschließend mit Blattspinat, Sauermilchkäse, Tomaten und Basilikum belegen und genießen.

SPINAT-GORGONZOLA-
Casarecce

Nährwertangaben pro Portion:
471 kcal | 26,2 g Eiweiß | 19,7 g Fett | 40,4 g Kohlenhydrate | 13,5 g Ballaststoffe

ZUTATEN:

160 g Kichererbsen-Casarecce
1 Knoblauchzehe
1 rote Zwiebel
200 g Blattspinat
1 TL Olivenöl
40 g Gorgonzola
100 ml Hafercreme Cuisine
Salz, Pfeffer
frisch geriebene Muskatnuss

Zubereitungszeit | 50 Minuten

für 2 Personen

ZUBEREITUNG:

1. Die Casarecce nach Packungsanleitung bissfest garen.
2. In der Zwischenzeit den Knoblauch und die Zwiebel schälen und fein hacken. Den Blattspinat waschen und trocken schleudern.
3. In einer Pfanne das Olivenöl erhitzen und den Knoblauch und die Zwiebel bei mittlerer Temperatur glasig andünsten.
4. Nun den Gorgonzola und die Hafercreme einrühren, bis sich der Käse aufgelöst hat.
5. Zum Schluss den Blattspinat unter die Gorgonzolacreme rühren, bis er leicht in sich zusammenfällt.
6. Mit Salz, Pfeffer und Muskat abschmecken, mit den Casarecce anrichten und anschließend servieren.

GARNELEN-SALICORNIA-
Spaghetti

Nährwertangaben pro Portion:

440 kcal | 41,3 g Eiweiß | 11,9 g Fett | 36,6 g Kohlenhydrate | 11,2 g Ballaststoffe

ZUTATEN:

70 g Salicornia (Queller)

150 g Kichererbsen-Spaghetti

2 Knoblauchzehen

1 rote Chilischote

1 EL Olivenöl

200 g Garnelen (küchenfertig)

Pfeffer

ein paar Spritzer Zitronensaft

Zubereitungszeit | 20 Minuten

für 2 Personen

ZUBEREITUNG:

1. Die Salicornia verlesen und waschen. Salzwasser in einem Topf zum Kochen bringen.
2. Nun die Salicornia in das kochende Wasser geben und für 1 Minute blanchieren. Anschließend mit einem Schaumlöffel aus dem Wasser fischen, in eiskaltem Wasser abschrecken und auf einem Küchentuch abtropfen lassen.
3. Die Spaghetti in das Salzwasser geben und nach Packungsanleitung bissfest garen. In der Zwischenzeit die Knoblauchzehen schälen und zusammen mit der Chilischote fein hacken.
4. Das Olivenöl in einer Pfanne erhitzen.
5. Den Knoblauch und die Chili darin anbraten. Anschließend die Garnelen hinzugeben und für 1–2 Minuten bei mittlerer Temperatur garen. Zum Schluss die Salicornia und die Spaghetti hinzugeben und kurz anbraten.
6. Mit Pfeffer und Zitronensaft abschmecken und genießen.

Tipp:

Dieses Pasta Gericht benötigt kein Salz, da die Salicornia von Natur aus schon sehr salzreich sind.

SPAGHETTI ALLA *Napoletana*

Nährwertangaben pro Portion:
362 kcal | 20,7 g Eiweiß | 8,3 g Fett | 42,4 g Kohlenhydrate | 11,8 g Ballaststoffe

ZUTATEN:

150 g Kichererbsen-Spaghetti
4 Kirschtomaten
1 Stängel Basilikum
1 Stängel Petersilie
1 rote Zwiebel
1 Knoblauchzehe
1 EL Olivenöl
400 g gehackte Tomaten (Dose)
Etwas Pastawasser
½ TL edelsüßes Paprikapulver
1 Prise Zucker
Salz, Pfeffer

Zubereitungszeit | 20 Minuten

für 2 Personen

ZUBEREITUNG:

1. Die Kichererbsen-Spaghetti nach Packungsanleitung bissfest garen. Etwas Pastawasser zurückbehalten.
2. In der Zwischenzeit die Kirschtomaten waschen, trocknen und halbieren. Das Basilikum und die Petersilie waschen, trocken schleudern und fein hacken, dabei wenige Blättchen Basilikum zum Garnieren beiseitelegen. Anschließend die Zwiebel und den Knoblauch schälen und fein würfeln.
3. In einer Pfanne das Olivenöl erhitzen. Die Zwiebel und den Knoblauch darin glasig anbraten. Nun die gehackten Tomaten, Basilikum und Petersilie hinzugeben und auf mittlerer Stufe 5–8 Minuten köcheln lassen, bis die Tomatensauce leicht andickt.
4. Etwas Pastawasser hinzugeben und die Sauce noch mal aufkochen lassen, um die gewünschte Konsistenz zu erreichen. Mit Paprikapulver und Zucker würzen. Anschließend kräftig mit Salz und Pfeffer abschmecken.
5. Zum Servieren die Spaghetti abgießen, unter die Tomatensauce heben und mit den Kirschtomaten und dem restlichen Basilikum dekorieren und genießen.

HARISSA-BRUNNENKRESSE-Spaghetti

Nährwertangaben pro Portion:
397 kcal | 24,0 g Eiweiß | 14,3 g Fett | 36,4 g Kohlenhydrate | 11,9 g Ballaststoffe

ZUTATEN:

150 g Kichererbsen-Spaghetti
2 Knoblauchzehen
40 g Feta
1 Bund Brunnenkresse
2 TL Pinienkerne
1 TL Olivenöl
2 EL Harissa
10 EL Pastawasser

Zubereitungszeit | 20 Minuten

für 2 Personen

ZUBEREITUNG:

1. Die Kichererbsen-Spaghetti nach Packungsanleitung bissfest garen. Etwas Pastawasser zurückbehalten.
2. In der Zwischenzeit die Knoblauchzehen schälen und fein hacken. Den Feta würfeln. Brunnenkresse waschen und trocken schleudern.
3. Anschließend die Pinienkerne in einer Pfanne ohne Fett rösten.
4. Die Pinienkerne aus der Pfanne nehmen und das Olivenöl erhitzen. Den Knoblauch darin 1 Minute glasig andünsten.
5. Das Harissa und das Pastawasser unterrühren und anschließend die Kichererbsen-Spaghetti hinzugeben.
6. Die Spaghetti auf einem Teller anrichten, mit Feta und Pinienkernen bestreuen und servieren.

ONE-POT-
Ratatouille

Nährwertangaben pro Portion:
325 kcal | 18,4 g Eiweiß | 9,6 g Fett | 35,1 g Kohlenhydrate | 12,9 g Ballaststoffe

ZUTATEN:

1 rote Zwiebel
1 Knoblauchzehe
125 g Aubergine
125 g Zucchini
250 g Tomaten
1 Stängel Basilikum
1 TL Olivenöl
400 g stückige Tomaten (Dose)
350 ml Gemüsebrühe
100 g Kichererbsen-Spirelli
1 TL getrockneter Oregano
1 TL getrockneter Thymian
1–2 TL Ajvar (nach Belieben)
Salz, Pfeffer
2 TL geriebener Parmesan
4 Kapernäpfel

Zubereitungszeit | 25 Minuten

für 2 Personen

ZUBEREITUNG:

1. Die Zwiebel und Knoblauchzehe schälen und fein hacken. Aubergine, Zucchini und Tomaten waschen, trocknen und in Stücke schneiden. Das Basilikum waschen, trocken schütteln und die Blätter abzupfen.
2. Das Olivenöl in einem Topf erhitzen und Zwiebel und Knoblauchzehe glasig andünsten. Nun Aubergine, Zucchini und Tomaten hinzugeben und anschließend mit den stückigen Tomaten und der Gemüsebrühe ablöschen.
3. Die Kichererbsen-Spirelli hinzugeben und mit Oregano, Thymian, Ajvar und Basilikum würzen.
4. Bei geschlossenem Deckel und mittlerer Temperatur 9 Minuten köcheln lassen.
5. Mit Salz und Pfeffer abschmecken.
6. Die One-Pot-Pasta mit geriebenem Parmesan und Kapernäpfeln servieren und genießen.

CASARECCE MIT BROKKOLI UND *Basilikumpesto*

Nährwertangaben pro Portion:
457 kcal | 27,7 g Eiweiß | 18,6 g Fett | 37,2 g Kohlenhydrate | 12,7 g Ballaststoffe

ZUTATEN:

150 g Kichererbsen-Casarecce
150 g Brokkoliröschen
6 Blätter Basilikum
50 g Mandeln
1 TL Olivenöl
Saft von ½ Zitrone
20 g geriebener Parmesan
4 EL Pastawasser
Salz, Pfeffer

Zubereitungszeit | 20 Minuten

für 2 Personen

ZUBEREITUNG:

1. Die Kichererbsen-Casarecce nach Packungsanleitung bissfest garen. Etwas Pastawasser zurückbehalten.
2. In der Zwischenzeit die Brokkoli-Röschen in Salzwasser 3 Minuten garen. Basilikum waschen und trocken schütteln.
3. Anschließend ein Drittel der gegarten Brokkoliröschen in einen Standmixer geben. Ein Drittel der Mandeln, Olivenöl, Zitronensaft, Parmesan, Basilikum und Pastawasser hinzugeben und in einem Mixer fein pürieren.
4. Das Pesto mit Salz und Pfeffer abschmecken.
5. Die restlichen Mandeln fein hacken.
6. Die Kichererbsen-Casarecce mit dem restlichen Brokkoli, Pesto und gehackten Mandeln servieren und genießen.

ROTE-BETE-
Casarecce

Nährwertangaben pro Portion:
426 kcal | 25,0 g Eiweiß | 9,2 g Fett | 54,1 g Kohlenhydrate | 15,7 g Ballaststoffe

ZUTATEN:

2 Zweige Thymian
2 Knoblauchzehen
2 Rote Bete (300 g)
2 TL Olivenöl
150 g Kichererbsen-Casarecce
80 g rote Mangoldblättchen
50 ml Kefir
50 g Frischkäse (0,2 % Fett)
Salz, Pfeffer

Zubereitungszeit | 20 Minuten
Backzeit | 50 Minuten

für 2 Personen

ZUBEREITUNG:

1. Den Backofen auf 200 °C Ober-/Unterhitze vorheizen. Thymian waschen, trocken schütteln und die Blätter abzupfen.
2. Die Knoblauchzehen schälen und zusammen mit dem Thymian fein hacken. Die Rote Bete schälen und achteln, so dass kleine Spalten entstehen.
3. Das vorbereitete Gemüse und die Kräuter auf einem Stück Alufolie platzieren und mit dem Olivenöl beträufeln. Anschließend das Gemüse vollständig in der Folie einwickeln und im heißen Backofen 45–50 Minuten garen.
4. Die Casarecce nach Packungsanleitung bissfest garen.
5. Den roten Mangold waschen und trocken schleudern.
6. Für das Dressing 2 Spalten der Roten Bete mit Kefir und Frischkäse fein pürieren. Mit Salz und Pfeffer abschmecken.
7. Zum Servieren die Kichererbsen-Casarecce, den Mangold und das Dressing vermengen.

LINSEN-*Nudeln*

SPIRELLI MIT
Tomaten und Blattspinat

Nährwertangaben pro Portion:
425 kcal | 24,3 g Eiweiß | 10,8 g Fett | 53,0 g Kohlenhydrate | 6,2 g Ballaststoffe

ZUTATEN:

150 g Rote-Linsen-Spirelli
1 Knoblauchzehe
25 g getrocknete Tomaten
160 g Blattspinat
125 g Kirschtomaten
25 g Cashewkerne
80 ml Cashew Drink (ungesüßt)
1 TL Olivenöl
4 EL Pastawasser
1 TL Hefeflocken
Salz, Pfeffer

Zubereitungszeit | 25 Minuten

für 2 Personen

ZUBEREITUNG:

1. Die Rote-Linsen-Spirelli nach Packungsanleitung bissfest garen. Etwas Pastawasser zurückbehalten.
2. In der Zwischenzeit die Knoblauchzehe schälen und fein hacken. Die getrockneten Tomaten fein hacken. Den Blattspinat waschen und trocken schleudern. Die Kirschtomaten waschen, trocknen und vierteln.
3. Nun die Cashewkerne und den Cashew Drink in einen hohen Rührbecher geben und mit einem Stabmixer fein pürieren.
4. In einer Pfanne das Olivenöl erhitzen. Darin die Knoblauchzehe und die getrockneten Tomaten bei mittlerer Hitze anbraten. Den Blattspinat hinzugeben und so lange andünsten, bis er leicht in sich zusammenfällt. Den Cashew-Mix und 4 EL Pastawasser hinzugeben und cremig rühren.
5. Anschließend die Rote-Linsen-Spirelli und die Kirschtomaten hinzugeben. Mit Hefeflocken, Salz und Pfeffer abschmecken und warm genießen.

SPAGHETTI-Frittata

Nährwertangaben pro Portion:
354 kcal | 24,2 g Eiweiß | 12,6 g Fett | 33,5 g Kohlenhydrate | 4,5 g Ballaststoffe

ZUTATEN:

100 g Rote-Linsen-Spaghetti
1 Zwiebel
1 Knoblauchzehe
2 Frühlingszwiebeln
125 g Kirschtomaten
100 g Blattspinat
2 Eier (Größe M)
50 ml Milch
25 g geriebener Parmesan
Salz, Pfeffer
Chilipulver (nach Belieben)
1 TL Rapsöl

Zubereitungszeit | 25 Minuten

für 2 Personen

ZUBEREITUNG:

1. Die Spaghetti nach Packungsanleitung bissfest garen.
2. In der Zwischenzeit die Zwiebel und die Knoblauchzehe schälen und fein hacken. Die Frühlingszwiebeln waschen und in feine Ringe schneiden. Nun die Kirschtomaten waschen, trocknen und vierteln. Den Blattspinat waschen und trocken schleudern.
3. In einer Schüssel Eier, Milch und Parmesan miteinander verrühren. Mit Salz, Pfeffer und nach Belieben mit Chilipulver würzen.
4. Das Rapsöl in einer Pfanne erhitzen. Darin die Zwiebel, den Knoblauch, die Frühlingszwiebeln und den Blattspinat bei mittlerer Hitze 2 Minuten andünsten.
5. Die Rote-Linsen-Spaghetti hinzugeben. Mit den Kirschtomaten belegen und der Eiermilch übergießen.
6. Die Frittata bei geschlossenem Deckel 5 Minuten stocken lassen.

Tipp:

Wer mag dekoriert die Frittatastücke mit frischen Basilikumblättern.

ORANGEN-PORTULAK-Nudelsalat

Nährwertangaben pro Portion:
442 kcal | 20,8 g Eiweiß | 14,7 g Fett | 51,8 g Kohlenhydrate | 8,5 g Ballaststoffe

ZUTATEN:

150 g Rote-Linsen-Spirelli
1 Orange
1 EL weißer Balsamico-Essig
1 EL Olivenöl
2 TL Ahornsirup
20 g Mandelmus
2 EL gehackter Schnittlauch
100 g Portulak (alternativ Brunnenkresse, Feldsalat oder Rucola)
½ Beet Knoblauchkresse
Salz, Pfeffer

Zubereitungszeit | 15 Minuten

für 2 Personen

ZUBEREITUNG:

1. Die Rote-Linsen-Spirelli nach Packungsanleitung bissfest garen.
2. In der Zwischenzeit die Orange filetieren. Aus dem Orangenrest 5 EL Orangensaft auspressen und zusammen mit Balsamico-Essig, Olivenöl, Ahornsirup, Mandelmus und gehacktem Schnittlauch cremig rühren.
3. Den Portulak waschen und trocken schleudern. Die Knoblauchkresse ernten und waschen.
4. Nun den Portulak, die Orangenfilets, die Knoblauchkresse und die Roten-Linsen-Spirelli in eine Schüssel füllen. Das Orangen-Mandel-Dressig darüber träufeln und gut vermengen.
5. Nach Belieben mit Salz und Pfeffer abschmecken und genießen.

Tipp:

Der Orangen-Portulak-Nudelsalat ist schnell zubereitet. In einem Schraubglas lässt er sich wunderbar in der Mittagspause genießen. Dafür das Orangen-Mandel-Dressing in einem separaten Behältnis transportieren und kurz vor dem Verzehr über den Salat gießen.

SPAGHETTI
mit Frankfurter-Grüne-Sauce

Nährwertangaben pro Portion:
517 kcal | 29,8 g Eiweiß | 10,1 g Fett | 60,9 g Kohlenhydrate | 10,1 g Ballaststoffe

ZUTATEN:

150 g Rote-Linsen-Spaghetti

50 g Grüne-Sauce-Kräuter (siehe Tipp)

1 rote Zwiebel

150 g Joghurt (0,1 % Fett)

25 g Schmand

1 TL süßer Senf

Salz, Pfeffer

200 g Zucchini

1 TL Olivenöl

150 g TK-Sojabohnenkerne (Edamame)

2 TL Saaten (Kürbiskerne, Sonnenblumenkerne, Sesam)

Zubereitungszeit | 30 Minuten

für 2 Personen

ZUBEREITUNG:

1. Die Linsen-Spaghetti nach Packungsanleitung bissfest garen.
2. In der Zwischenzeit die Grüne-Sauce-Kräuter waschen, trocken schleudern und grob hacken. Die Zwiebel schälen, grob hacken und zusammen mit den Kräutern, Joghurt und Schmand fein mit einem Pürierstab pürieren.
3. Die Sauce mit süßem Senf, Salz und Pfeffer abschmecken und zur Seite stellen.
4. Die Zucchini waschen, trocknen und mit einem Spiralschneider zu Spaghetti schneiden.
5. In einer Pfanne das Olivenöl erhitzen. Darin die Zucchini und die Sojabohnenkerne 2–3 Minuten bei mittlerer Hitze anschwenken.
6. Anschließen die Spaghetti mit den Zucchini-Spaghetti und der Sauce vermengen.
7. Zum Anrichten auf zwei Teller verteilen und mit den Saaten bestreut servieren.

Tipp:

Das Kräuterbündchen für die Grüne Sauce besteht ganz traditionell aus Petersilie, Borretsch, Sauerampfer, Kerbel, Kresse, Pimpinelle und Schnittlauch.

LINSEN-SPINAT-
Lasagne

Nährwertangaben pro Portion:
444 kcal | 22,5 g Eiweiß | 13,0 g Fett | 52,5 g Kohlenhydrate | 8,9 g Ballaststoffe

ZUTATEN:

1 rote Zwiebel
2 Knoblauchzehen
150 g Blattspinat
2 Stängel Basilikum
150 g Möhren
2 EL Rapsöl
400 g Linsen (Dose)
400 g passierte Tomaten (Dose)
2 TL edelsüßes Paprikapulver
1 TL getrockneter Oregano
1 TL getrockneter Thymian
1 TL gemahlener Kreuzkümmel
1–2 TL Harissa
Salz, Pfeffer
1 EL Margarine
1 EL Dinkelmehl
250 ml Milch
frisch geriebene Muskatnuss
200 g Grüne-Linsen-Lasagneplatten (12 Stück)
50 g geriebener Käse

Backzeit | 35–40 Minuten

für 4 Portionen

ZUBEREITUNG:

1. Den Backofen auf 200 °C Ober-/Unterhitze vorheizen und eine Auflaufform (etwa 15–20 cm) bereitstellen.
2. Die rote Zwiebel und die Knoblauchzehen schälen und fein hacken. Den Blattspinat und das Basilikum waschen und trocken schleudern. Das Basilikum fein hacken. Die Möhren schälen und in feine Scheiben schneiden.
3. Das Rapsöl in einer Pfanne erhitzen. Zwiebeln und Knoblauch hinzugeben und auf mittlerer Hitze 1–2 Minuten anschwitzen. Nun die Möhren, Blattspinat, Basilikum, abgetropfte Linsen und passierte Tomaten hinzugeben. Mit Paprikapulver, getrockneten Kräutern, Kreuzkümmel, Harissa, Salz und Pfeffer abschmecken und weitere 4–5 Minuten köcheln lassen.
4. Für die Béchamelsauce die Margarine in einem kleinen Topf schmelzen. Das Dinkelmehl hinzugeben und zu einer glatten Masse verrühren. Mit Milch aufgießen und auf kleiner Flamme 2–3 Minuten köcheln lassen. Anschließend mit Salz und frisch geriebener Muskatnuss abschmecken.
5. Den Boden der Auflaufform dünn mit Tomaten-Linsen-Sauce bedecken. Dann abwechselnd Lasagneplatten und Tomaten-Linsen-Sauce in die Form schichten. Mit der Béchamel-Sauce abschließen und mit Käse bestreuen.
6. Im vorgeheizten Backofen (mittlere Schiene) 30–35 Minuten goldbraun backen.

Tipp:

Die Lasagne schmeckt am nächsten Tag sogar noch besser und lässt sich wunderbar mit ins Büro nehmen.

ONE-POT-SPARGEL-Pasta

Nährwertangaben pro Portion:
373 kcal | 23,2 g Eiweiß | 8,0 g Fett | 49,1 g Kohlenhydrate | 5,72 g Ballaststoffe

ZUTATEN:

25 g Bärlauch
250 g grüner Spargel
25 g getrocknete Tomaten
1 TL Rapsöl
400 ml Gemüsebrühe
150 g Rote-Linsen-Penne
25 g Frischkäse (0,2 % Fett)
Salz, Pfeffer

Zubereitungszeit | 25 Minuten

für 2 Personen

ZUBEREITUNG:

1. Den Bärlauch waschen, trocknen und fein hacken. Den Spargel ebenfalls waschen, die holzigen Enden entfernen und den Spargel in mundgerechte Stücke schneiden. Nun die getrockneten Tomaten fein hacken.
2. In einem Topf das Rapsöl erhitzen. Den Spargel und die getrockneten Tomaten darin kurz anbraten. Mit Gemüsebrühe aufgießen, die Rote-Linsen-Penne hinzugeben und zum Kochen bringen.
3. Die Temperatur reduzieren und bei mittlerer Hitze und geschlossenem Deckel 9 Minuten köcheln lassen.
4. Zum Schluss den gehackten Bärlauch und den Frischkäse unter die Pasta rühren. Nach Geschmack mit Salz und Pfeffer abschmecken und warm genießen.

Tipp:

Keine Bärlauch-Saison? Stattdessen kannst Du die Pasta auch mit Basilikum oder Petersilie verfeinern.

EDAMAME-RUCOLA-SPAGHETTI
mit Lachs

Nährwertangaben pro Portion:
467 kcal | 43,5 g Eiweiß | 8,4 g Fett | 50,4 g Kohlenhydrate | 7,2 g Ballaststoffe

ZUTATEN:

130 g Rote-Linsen-Spaghetti
1 rote Zwiebel
1 Knoblauchzehe
70 g Rucola
1 TL Olivenöl
200 g Lachsfilet
6 EL Pastawasser
70 g Frischkäse (0,2 % Fett)
150 g TK-Sojabohnenkerne (Edamame)
Salz, Pfeffer

Zubereitungszeit | 20 Minuten

für 2 Personen

ZUBEREITUNG:

1. Die Rote-Linsen-Spaghetti nach Packungsanleitung bissfest garen. Etwas Pastawasser zurückbehalten.
2. In der Zwischenzeit die Zwiebel und die Knoblauchzehe schälen und fein hacken. Den Rucola waschen und trocken schleudern.
3. Das Olivenöl in einer Pfanne erhitzen. Die gehackte Zwiebel und die Knoblauchzehe glasig andünsten. Das Lachsfilet hinzugeben und bei mittlerer Hitze 2–3 Minuten anbraten. Den Lachs anschließend mit einer Gabel grob zerzupfen.
4. Danach das Pastawasser und den Frischkäse unterrühren. Zuletzt den Rucola und die Sojabohnenkerne hinzugeben. Mit Salz und Pfeffer abschmecken und servieren.

SPIRELLI MIT
Zucchini & Krebsfleisch

Nährwertangaben pro Portion:
400 kcal | 29,0 g Eiweiß | 7,9 g Fett | 48,8 g Kohlenhydrate | 4,9 g Ballaststoffe

ZUTATEN:

150 g Rote-Linsen-Spirelli
1 Knoblauchzehe
150 g Zucchini
4 Stängel glatte Petersilie
1 Bio-Zitrone
1 TL Olivenöl
125 g Flusskrebsfleisch
50 g Crème fraîche (fettreduziert)
Salz, Pfeffer

Zubereitungszeit | 25 Minuten

für 2 Personen

ZUBEREITUNG:

1. Die Rote-Linsen-Spirelli nach Packungsanleitung bissfest garen.
2. In der Zwischenzeit die Knoblauchzehe schälen und fein hacken. Die Zucchini waschen, trocknen und (z. B. mit einem Sparschäler) in dünne Streifen hobeln. Die Petersilie waschen, trocknen und fein hacken. Nun die Zitrone heiß abwaschen, abtrocknen und 1 TL Schale fein abreiben. Die Zitrone halbieren und entsaften.
3. Das Olivenöl in einer Pfanne erhitzen. Den Knoblauch, die Zucchinistreifen und das Flusskrebsfleisch hinzugeben und für 2–3 Minuten bei mittlerer Temperatur anbraten.
4. Nun die Crème fraîche, den Zitronensaft und die Rote-Linsen-Spirelli unterrühren.
5. Alles gut durchmischen und anschließend mit Zitronenabrieb, Salz und Pfeffer abschmecken.
6. Kurz vor dem Servieren mit gehackter Petersilie bestreuen und warm genießen.

SALBEI-PENNE MIT *Austernpilzen*

Nährwertangaben pro Portion:
381 kcal | 24,5 g Eiweiß | 8,4 g Fett | 47,5 g Kohlenhydrate | 6,3 g Ballaststoffe

ZUTATEN:

150 g Rote-Linsen-Penne
1 rote Zwiebel
2 Knoblauchzehen
6 Salbeiblätter
60 g getrocknete Tomaten
250 g Austernpilze
2 TL Olivenöl
2 TL Parmesan
4 EL Pastawasser
Salz, Pfeffer

Zubereitungszeit | 25 Minuten

für 2 Personen

ZUBEREITUNG:

1. Die Rote-Linsen-Penne nach Packungsanleitung bissfest garen. Etwas Pastawasser zurückbehalten.
2. In der Zwischenzeit die rote Zwiebel und die Knoblauchzehen schälen und fein hacken. Die Salbeiblätter waschen, trocken schütteln und zusammen mit den getrockneten Tomaten und den geputzten Austernpilzen klein schneiden.
3. Das Olivenöl in einer Pfanne erhitzen. Nun die Zwiebel und den Knoblauch 2 Minuten bei mittlerer Hitze anbraten.
4. Den gehackten Salbei, die Austernpilze und die getrockneten Tomaten hinzugeben und weitere 2 Minuten anbraten.
5. Anschließend die abgetropften Rote-Linsen-Penne, den Parmesan und Pastawasser unterrühren und mit Salz und Pfeffer abschmecken.

SPROSSEN-NUDELSALAT MIT
Ananas und Kefirdressing

Nährwertangaben pro Portion:
385 kcal | 22,6 g Eiweiß | 6,8 g Fett | 54,7 g Kohlenhydrate | 4,6 g Ballaststoffe

ZUTATEN:

125 g Rote-Linsen-Penne
2 Eier (Größe M)
1 Frühlingszwiebel
100 g Ananas
4 Gewürzgurken (60 g)
1 Bund Wasserkresse
40 g Alfalfa-Sprossen
90 g Kefir
2 TL süßer Senf
2 TL Ahornsirup
Salz, Pfeffer

Zubereitungszeit | 20 Minuten

für 2 Personen

ZUBEREITUNG:

1. Die Rote-Linsen-Penne nach Packungsanleitung bissfest garen.
2. In der Zwischenzeit die Eier 7 Minuten wachsweich kochen.
3. Die Frühlingszwiebel waschen und trocknen, die Ananas schälen. Frühlingszwiebel, Ananas und Gewürzgurken klein schneiden. Nun die Wasserkresse und die Alfalfa-Sprossen waschen und trocknen.
4. Für das Dressing Kefir, Senf und Ahornsirup cremig rühren. Mit Salz und Pfeffer abschmecken.
5. Zum Anrichten alle Zutaten miteinander vermischen und mit Dressing beträufeln.

THUNFISCH-RUCOLA-
Penne

Nährwertangaben pro Portion:
380 kcal | 27,9 g Eiweiß | 8,9 g Fett | 45,0 g Kohlenhydrate | 3,87 g Ballaststoffe

ZUTATEN:

50 g Rucola
1 Knoblauchzehe
20 g Parmesan
1 kleine Dose Thunfisch (Abtropfgewicht 56 g)
1 TL Olivenöl
150 g Rote-Linsen-Penne
Salz, Pfeffer

Zubereitungszeit | 20 Minuten

für 2 Personen

ZUBEREITUNG:

1. Den Rucola verlesen, waschen und trocken schleudern. Die Knoblauchzehe schälen und grob hacken. Den Parmesan fein reiben und zur Seite stellen.
2. Nun den Thunfisch abtropfen lassen, dabei den Thunfischsaft auffangen und beiseitestellen.
3. In einer hohen Rührschüssel Rucola, Knoblauch, Parmesan, Olivenöl und den Thunfischsaft zu einem feinen Pesto pürieren.
4. In der Zwischenzeit die Rote-Linsen-Penne nach Packungsanleitung bissfest garen.
5. Die Penne in eine große Schüssel geben, mit dem Rucolapesto und dem Thunfisch gut vermengen. Nach Bedarf mit Salz und Pfeffer abschmecken und genießen.

Tipp:

Meine Thunfisch-Rucola-Penne ist auch kalt ein Leckerbissen. Perfekt für alle Meal Prep Fans, lässt sich der Nudelsalat am Vortag zubereiten.

PORTULAK-SOJABOHNEN-
Lasagne

Nährwertangaben pro Portion:
428 kcal | 26,3 g Eiweiß | 9,5 g Fett | 51,3 g Kohlenhydrate | 9,6 g Ballaststoffe

ZUTATEN:

8 Grüne-Linsen-Lasagneblätter
1 Knoblauchzehe
2 Zweige Thymian
70 g Portulak
2 TL Pesto Verde
1 TL Olivenöl
400 g gehackte Tomaten (Dose)
150 g TK-Sojabohnenkerne (Edamame)
Salz, Pfeffer
50 g Feta light (9 % Fett)

Zubereitungszeit | 25 Minuten

für 2 Personen

ZUBEREITUNG:

1. Die Lasagneblätter in kochendes Salzwasser geben und bei mittlerer Temperatur für 7 Minuten garen.
2. In der Zwischenzeit die Knoblauchzehe schälen und fein hacken. Nun vom Thymianzweig die Blätter abzupfen, waschen und zur Seite legen. Den Portulak waschen, trocken schleudern und mit dem Pesto Verde vermischen.
3. In einer Pfanne das Olivenöl erhitzen und die Knoblauchzehe darin glasig andünsten.
4. Die gehackten Tomaten und die Sojabohnenkerne hinzugeben und bei mittlerer Temperatur 2–3 Minuten köcheln lassen.
5. Anschließend mit Thymian, Salz und Pfeffer abschmecken.
6. Auf zwei Tellern jeweils einen Klecks Tomatensauce geben. Darauf folgt eine Lasagneplatte, dann wieder Tomatensauce, Portulak und wieder eine Lasagneplatte.
7. Feta zerkrümeln, über das Gericht streuen und genießen.

SCHWARZE-BOHNEN-Nudeln

TERIYAKI-NUDELN MIT
Zucchini & Champignons

Nährwertangaben pro Portion:
345 kcal | 38,2 g Eiweiß | 9,5 g Fett | 20,3 g Kohlenhydrate | 11,2 g Ballaststoffe

ZUTATEN:

80 g Schwarze-Bohnen-Spaghetti
1 Knoblauchzehe
10 g Ingwer
2 Frühlingszwiebeln
100 g Zucchini
80 g Mungbohnensprossen
100 g Champignons
150 g Tofu
3 EL Sojasauce
2 EL Mirin (Reiswein)
1 EL Reisessig
1 ½ TL Rohrzucker
1 TL Sesamöl

Zubereitungszeit | 30 Minuten

für 2 Personen

ZUBEREITUNG:

1. Die Schwarze-Bohnen-Spaghetti nach Packungsanleitung bissfest garen.
2. In der Zwischenzeit den Knoblauch schälen und fein hacken. Den Ingwer schälen, fein reiben. Frühlingszwiebeln waschen und in dünne Ringe schneiden. Die Zucchini waschen, trocknen, halbieren und in dünne Scheiben schneiden. Nun die Mungbohnensprossen waschen, trocknen und zur Seite stellen. Die Champignons putzen und in Scheiben schneiden. Den Tofu abtropfen, mit einem Küchenkrepp trocknen und würfeln.
3. In einem kleinen Topf die Sojasauce, Mirin, Reisessig und den Rohrzucker bei mittlerer Hitze etwa 3 Minuten dicklich zu einer Teriyaki-Sauce einkochen.
4. In einer Pfanne das Sesamöl erhitzen. Darin die Knoblauchzehe, den Ingwer und die Frühlingszwiebeln 2–3 Minuten anbraten. Nun Zucchini, Mungbohnensprossen, Champignons und den Tofu hinzugeben und weitere 3 Minuten bei mittlerer Temperatur anbraten.
5. Das Gemüse mit der Teriyaki-Sauce begießen, gut umrühren und genießen.

PASTA MIT
Pute und Kichererbsen-Ragout

Nährwertangaben pro Portion:
513 kcal | 63,6 g Eiweiß | 11,7 g Fett | 29,3 g Kohlenhydrate | 18,2 g Ballaststoffe

ZUTATEN:

125 g Schwarze-Bohnen-Spaghetti
1 Knoblauchzehe
1 Zwiebel
2 Stängel glatte Petersilie
20 g getrocknete Cranberries
250 g Putenbrust
1 TL Rapsöl
125 g Kichererbsen (Dose)
200 g gehackte Tomaten (Dose)
1 TL Ajvar
1 TL Zaatar (afrikanische Gewürzmischung)
125 ml Gemüsebrühe
Salz, Pfeffer

Zubereitungszeit | 30 Minuten

für 2 Personen

ZUBEREITUNG:

1. Die Schwarze-Bohnen-Spaghetti nach Packungsanleitung bissfest garen.
2. In der Zwischenzeit den Knoblauch und die Zwiebel schälen und fein hacken. Die Petersilie waschen, trocken schütteln und ebenfalls fein hacken. Nun die Cranberries klein schneiden. Die Putenbrust längs halbieren und klein würfeln.
3. In einer Pfanne das Rapsöl erhitzen und die Knoblauch- und Zwiebelwürfel darin glasig andünsten. Die Putenbrust hinzugeben und bei mittlerer Hitze 2–3 Minuten anbraten.
4. Anschließend die Kichererbsen, die gehackten Tomaten, Cranberries, Ajvar und Zaatar hinzugeben und mit Gemüsebrühe aufgießen. Das Ragout zugedeckt etwa 5 Minuten köcheln lassen. Mit Salz und Pfeffer abschmecken.
5. Zum Servieren das Ragout über die Spaghetti geben und mit gehackter Petersilie dekorieren.

SCHWARZE SPAGHETTI
alle Vongole

Nährwertangaben pro Portion:
407 kcal | 38,4 g Eiweiß | 19,7 g Fett | 12,1 g Kohlenhydrate | 14,7 g Ballaststoffe

ZUTATEN:

150 g Schwarze-Bohnen-Spaghetti
400 g Venusmuscheln
4 Knoblauchzehen
1 Schalotte
2 Stängel glatte Petersilie
2 EL Olivenöl
4 Safranfäden
125 ml Fischfond (Glas)
Salz, Pfeffer
1 Limette

Zubereitungszeit | 35 Minuten

für 2 Personen

ZUBEREITUNG:

1. Die Schwarze-Bohnen-Spaghetti nach Packungsanleitung bissfest garen.
2. In der Zwischenzeit offene oder beschädigte Muscheln entfernen. Die Muscheln in Salzwasser legen und reinigen, bis der Sand komplett entfernt ist. Dabei das Wasser mehrmals wechseln.
3. Den Knoblauch und die Schalotte schälen und fein hacken. Die Petersilie waschen, trocken schütteln und fein hacken.
4. In einer Pfanne das Olivenöl erhitzen und die Knoblauch- und Zwiebelwürfel bei mittlerer Hitze glasig andünsten. Die Venusmuscheln und Safranfäden hinzugeben und mit Fischfond aufgießen. Für 6–8 Minuten garen, bis alle Muscheln geöffnet sind. Geschlossene Venusmuscheln entfernen.
5. Die Spaghetti zu den Muscheln geben, gut umrühren und kurz erhitzen. Mit Salz und Pfeffer abschmecken.
6. Die Limette halbieren. Zum Servieren die Spaghetti mit gehackter Petersilie bestreuen und den Saft der Limettenhälfte direkt über das Gericht pressen.

CURRY-KUMQUAT-
Nudelsuppe

Nährwertangaben pro Portion:
401 kcal | 31,1 g Eiweiß | 15,8 g Fett | 24,9 g Kohlenhydrate | 15,6 g Ballaststoffe

ZUTATEN:

100 g Schwarze-Bohnen-Spaghetti
1 rote Zwiebel
1 Knoblauchzehe
50 g Kumquats
150 g Blattspinat
1 TL Rapsöl
1 TL rote Currypaste
200 g gehackte Tomaten (Dose)
200 ml Gemüsebrühe
100 ml Kokosmilch (fettreduziert)
100 g Kichererbsen (Dose)
Salz, Pfeffer

Zubereitungszeit | 25 Minuten

für 2 Personen

ZUBEREITUNG:

1. Die Schwarze-Bohnen-Spaghetti nach Packungsanleitung bissfest garen.
2. In der Zwischenzeit die Zwiebel und den Knoblauch schälen und fein hacken. Die Kumquats waschen und in Scheiben schneiden. Den Blattspinat waschen und trocken schleudern.
3. In einem Topf das Rapsöl erhitzen und die Zwiebel- und Knoblauchwürfel glasig andünsten. Die Currypaste hinzugeben und bei mittlerer Hitze 1 Minute anbraten.
4. Anschließend mit den gehackten Tomaten, Gemüsebrühe und Kokosmilch aufgießen und zum Kochen bringen
5. Nun die Kumquats und die abgetropften Kichererbsen hinzugeben und bei geschlossenem Deckel 5 Minuten bei mittlerer Hitze köcheln lassen. Kurz vor Garzeitende den Blattspinat unterrühren. Nach Geschmack mit Salz und Pfeffer abschmecken.
6. Zum Servieren die Schwarze-Bohnen-Spaghetti auf zwei Schalen verteilen und mit der Curry-Suppe begießen und genießen.

MISO-KÜRBIS-SPAGHETTI
mit roten Zwiebeln

Nährwertangaben pro Portion:
278 kcal | 30,8 g Eiweiß | 7,8 g Fett | 13,5 g Kohlenhydrate | 15,3 g Ballaststoffe

ZUTATEN:

125 g Schwarze-Bohnen-Spaghetti
1 Knoblauchzehe
1 rote Zwiebel
150 g Yellow Patty Pans (Kürbis)
1 TL Rapsöl
Salz, Pfeffer
1 EL helle Misopaste
125 ml Pastawasser
1 TL schwarzer Sesam

Zubereitungszeit | 30 Minuten

für 2 Personen

ZUBEREITUNG:

1. Die Schwarze-Bohnen-Spaghetti nach Packungsanleitung bissfest garen. Etwas Pastawasser zurückbehalten.
2. In der Zwischenzeit den Knoblauch schälen und fein hacken. Die Zwiebel ebenfalls schälen und in Spalten schneiden. Den Stiel der Kürbisse mit einem scharfen Messer entfernen und sie anschließend waschen und achteln.
3. In einer Pfanne das Rapsöl erhitzen. Knoblauch, Zwiebeln und Kürbis bei mittlerer Hitze 6–8 Minuten anbraten, bis alles gar ist. Nach Belieben mit Salz und Pfeffer abschmecken.
4. Das Gemüse aus der Pfanne nehmen und zur Seite stellen.
5. Nun die Misopaste und das Pastawasser in der Pfanne verrühren. Die Spaghetti hinzugeben und kurz erhitzen.
6. Zum Servieren die Spaghetti auf zwei Tellern anrichten, mit dem Gemüse und dem schwarzem Sesam bestreuen und genießen.

MEXIKANISCHER SPAGHETTI-
Avocado-Salat

Nährwertangaben pro Portion:
197 kcal | 18,1 g Eiweiß | 8,1 g Fett | 8,2 g Kohlenhydrate | 9,5 g Ballaststoffe

ZUTATEN:

75 g Schwarze-Bohnen-Spaghetti
1 Avocado
2 Tomaten
1 rote Zwiebel
1 gelbe Chilischote
¼ Bund Koriandergrün
Saft von 1 Limette
1 EL Crème fraîche (fettreduziert)
Salz, Pfeffer

Zubereitungszeit | 20 Minuten

für 2 Personen

ZUBEREITUNG:

1. Die Schwarze-Bohnen-Spaghetti nach Packungsanleitung bissfest garen.
2. In der Zwischenzeit die Avocado schälen, entkernen und würfeln. Die Tomaten waschen, trocknen und klein würfeln. Die Zwiebel schälen und in dünne Ringe schneiden. Nun die Chilischote und den Koriander waschen, trocknen und fein hacken.
3. In einer Schüssel die Schwarze-Bohnen-Spaghetti mit Avocado, Tomaten, Zwiebeln, Chili und Koriander vermengen.
4. Den Limettensaft und Crème fraîche unterrühren und mit Salz und Pfeffer abschmecken.

ROTE-BETE-RAMEN MIT *Bohnen-Spaghetti*

Nährwertangaben pro Portion:
265 kcal | 23,1 g Eiweiß | 13,9 g Fett | 7,6 g Kohlenhydrate | 8,2 g Ballaststoffe

ZUTATEN:

10 g Kombu Alge (wildwachsende Atlantikalge)
3 Knoblauchzehen
30 g Ingwer
250 g Rote Bete
1 kleine rote Chilischote
2 rote Zwiebeln
2 EL Sesamöl
6 Pfefferkörner
3 Nelken
60 g Schwarze-Bohnen-Spaghetti
1 Ei (M)
2 Frühlingszwiebeln
1 TL schwarzer Sesam
100 g Shimeji-Pilze (alternativ braune Champignons)
150 g Pak Choi
3 EL Sojasauce

Zubereitungszeit | 50 Minuten
Einweichzeit | 30 Minuten

für 2 Personen

ZUBEREITUNG:

1. Die Kombu Alge in einen Topf legen. Anschließend mit 1 l Wasser übergießen und 30 Minuten einweichen lassen.
2. Das Wasser bei mittlerer Hitze langsam zum Kochen bringen. Den sich bildenden Schaum mit einer Schaumkelle abschöpfen und entfernen. Sobald die Brühe kocht, den Topf vom Herd ziehen. Anschließend die Brühe durch ein feines Sieb gießen und auskühlen lassen.
3. Nun den Knoblauch und den Ingwer schälen und grob hacken. Die Rote Bete und die Chilischote grob zerkleinern. Anschließend die roten Zwiebeln mitsamt Schale vierteln.
4. 1 EL Sesamöl in einem Topf erhitzen. Das vorbereitete Gemüse hinzugeben und für 2–3 Minuten scharf anbraten. Pfefferkörner und Nelken mit einem Messerrücken andrücken und zum Gemüse geben. Das Gemüse mit der Brühe aufgießen und bei mittlerer Hitze zugedeckt 40 Minuten köcheln lassen.
5. In der Zwischenzeit die Schwarze-Bohnen-Spaghetti nach Packungsanleitung bissfest garen.
6. In einem weiteren Topf das Ei 5 Minuten weich kochen und anschließend kalt abschrecken und halbieren. Die Frühlingszwiebeln waschen und schräg in feine Ringe schneiden. Sesam in einer Pfanne ohne Öl anrösten. Nun die Shimeji-Pilze putzen und den Pak Choi waschen, trocknen und halbieren.
7. Das restliche Sesamöl in einer Pfanne erhitzen. Die Shimeji-Pilze und den Pak Choi hinzugeben und 2 Minuten bei mittlerer Hitze leicht anbraten.
8. Die Nudeln in 2 Suppenschalen füllen und mit den Shimeji-Pilzen, Pak Choi und einem halbierten Ei belegen. Im Anschluss die Brühe mit Sojasauce abschmecken und über die Nudeln gießen. Die Suppe abschließend mit Frühlingszwiebeln und Sesam bestreuen und warm genießen.

KOKOS-SPARGEL-
Curry

Nährwertangaben pro Portion:
368 kcal | 26 g Eiweiß | 19,7 g Fett | 15,8 g Kohlenhydrate | 11,6 g Ballaststoffe

ZUTATEN:

80 g Schwarze-Bohnen-Spaghetti
1 rote Zwiebel
1 kleine Zucchini (125 g)
100 g Blattspinat
250 g grüner Spargel
1 TL Rapsöl
1 EL rote Currypaste
200 ml Gemüsebrühe
150 ml Kokosmilch (fettreduziert)
1 TL Erdnussmus (ohne Zucker)
4 Blätter Thai-Basilikum

Zubereitungszeit | 25 Minuten

für 2 Personen

ZUBEREITUNG:

1. Die Schwarze-Bohnen-Spaghetti nach Packungsanleitung bissfest garen.
2. In der Zwischenzeit die Zwiebel schälen und fein hacken. Die Zucchini waschen und in dünne Scheiben schneiden. Den Blattspinat waschen und trocken schleudern. Den grünen Spargel waschen und die holzigen Enden entfernen. Anschließend in mundgerechte Stücke schneiden.
3. Das Rapsöl in einem Topf erhitzen. Darin die Zwiebelwürfel und die Currypaste für 1 Minute scharf anbraten. Anschließend mit der Gemüsebrühe und der Kokosmilch ablöschen. Die Zucchini und den grünen Spargel hinzugeben und zugedeckt bei mittlerer Temperatur für 6–8 Minuten köcheln lassen.
4. 2 Minuten vor Garzeitende den Blattspinat, das Erdnussmus und die Thai-Basilikumblätter unterrühren.
5. Die Spaghetti mit dem Kokos-Spargel-Curry anrichten, servieren und genießen.

THAILÄNDISCHE HÜHNER-
Nudelsuppe

Nährwertangaben pro Portion:
399 kcal | 40,6 g Eiweiß | 16,4 g Fett | 17,3 g Kohlenhydrate | 9,9 g Ballaststoffe

ZUTATEN:

80 g Schwarze-Bohnen-Spaghetti
½ Stängel Zitronengras
10 g Bio-Ingwer
½ rote Chilischote
1 rote Zwiebel
125 g Wasserspinat
50 g Baby-Mais (Glas)
150 g Hähnchenbrustfilet
1 TL Rapsöl
200 ml Gemüsebrühe
150 ml Kokosmilch (fettreduziert)
1 EL Fischsauce
1 TL Rohrzucker
1 EL Limettensaft

Zubereitungszeit | 25 Minuten

für 2 Personen

ZUBEREITUNG:

1. Die Schwarze-Bohnen-Spaghetti nach Packungsanleitung bissfest garen.
2. In der Zwischenzeit das Zitronengras waschen, längs halbieren und mit dem Messerrücken flach drücken. Den Ingwer waschen und mit Schale fein reiben. Die Chilischote entkernen und fein hacken. Die Zwiebel schälen und fein würfeln. Den Wasserspinat waschen, trocknen und zerkleinern. Den Baby-Mais in dünne Scheiben schneiden. Das Hähnchenfilet ebenfalls in dünne Streifen schneiden.
3. Das Rapsöl in einem Topf erhitzen. Den Ingwer, die Chilischote und die Zwiebel bei mittlerer Hitze andünsten. Anschließend das Hähnchenfilet hinzugeben und 2 Minuten anbraten. Den Wasserspinat und den Baby-Mais hinzugeben. Mit Gemüsebrühe und Kokosmilch aufgießen und kurz aufkochen lassen.
4. Die Hühner-Nudelsuppe mit Fischsauce, Rohrzucker und Limettensaft abschmecken und etwa 5 Minuten bei mittlerer Hitze köcheln lassen.
5. Nun die Spaghetti auf zwei Schüsseln verteilen und mit der Hühnersuppe servieren.

PALMKOHL-ZIEGENKÄSE-
Spaghetti

Nährwertangaben pro Portion:
339 kcal | 29,2 g Eiweiß | 15,8 g Fett | 12,0 g Kohlenhydrate | 14,0 g Ballaststoffe

ZUTATEN:

100 g Schwarze-Bohnen-Spaghetti
200 g Palmkohl (alternativ Grünkohl)
1 Schalotte
1 Knoblauchzehe
30 g getrocknete Tomaten
1 TL Rapsöl
75 g Ziegenrahm (25 % Fett)
3 EL Pastawasser
Salz, Pfeffer

Zubereitungszeit | 25 Minuten

für 2 Personen

ZUBEREITUNG:

1. Die Schwarze-Bohnen-Spaghetti nach Packungsanleitung bissfest garen. Etwas Pastawasser zurückbehalten.
2. In der Zwischenzeit den Palmkohl waschen, trocken schleudern, entstrunken und anschließend in dünne Streifen schneiden. Die Schalotte und die Knoblauchzehe schälen und fein würfeln. Die getrockneten Tomaten ebenfalls fein hacken.
3. In einer Pfanne das Rapsöl erhitzen und die gehackten Schalotten, Knoblauch und Tomaten bei mittlerer Hitze andünsten. Den geschnittenen Palmkohl hinzugeben und bei mittlerer Hitze 6–8 Minuten anbraten. Anschließend den Ziegenrahm unterrühren und mit Pastawasser ablöschen.
4. Die Spaghetti unter das Gemüse heben und zum Servieren mit Salz und Pfeffer abschmecken.

ERBSEN-Nudeln

PUTEN-WIRSING-Drelli

Nährwertangaben pro Portion:
330 kcal | 24,9 g Eiweiß | 8,6 g Fett | 34,7 g Kohlenhydrate | 6,0 g Ballaststoffe

ZUTATEN:

100 g Grüne-Erbsen-Drelli

1 Zwiebel

150 g Wirsing

100 g geräucherte Putenbrust (Aufschnitt)

1 TL Rapsöl

100 ml Milch

40 g Crème fraîche (fettreduziert)

frisch geriebene Muskatnuss

Salz, Pfeffer

Zubereitungszeit | 30 Minuten

für 2 Personen

ZUBEREITUNG:

1. Die Grüne-Erbsen-Drelli nach Packungsanleitung bissfest garen.
2. In der Zwischenzeit die Zwiebel schälen und fein hacken. Den Wirsing waschen, trocken schleudern, entstrunken und in feine Streifen schneiden. Die Putenbrust ebenfalls in feine Streifen schneiden.
3. In einer Pfanne das Rapsöl erhitzen.
4. Die Zwiebeln und die geräucherte Putenbrust darin bei mittlerer Hitze 2 Minuten anbraten. Nun den Wirsing hineingeben und weitere 6–8 Minuten andünsten.
5. Kurz vor Garzeitende die Milch und die Crème fraîche unterrühren und nach Geschmack mit Muskat, Salz und Pfeffer abschmecken.

PUTEN-CHAMPIGNON-
Geschnetzeltes

Nährwertangaben pro Portion:
486 kcal | 46,9 g Eiweiß | 10,1 g Fett | 48,6 g Kohlenhydrate | 8,5 g Ballaststoffe

ZUTATEN:

150 g Grüne-Erbsen-Drelli
1 rote Zwiebel
1 Knoblauchzehe
150 g Champignons
2 Stängel glatte Petersilie
250 g Putenbrust
1 TL Rapsöl
150 ml Geflügelfond
50 g Crème fraîche (fettreduziert)
1 TL Speisestärke
Salz, Pfeffer

Zubereitungszeit | 30 Minuten

für 2 Personen

ZUBEREITUNG:

1. Die Grüne-Erbsen-Drelli nach Packungsanleitung bissfest garen.
2. In der Zwischenzeit die Zwiebel und die Knoblauchzehe schälen und fein hacken. Die Champignons putzen und in Scheiben schneiden. Anschließend die Petersilie waschen, trocknen und fein hacken. Die Putenbrust längs halbieren und in dünne Scheiben schneiden.
3. In einer Pfanne das Rapsöl erhitzen. Die gehackte Zwiebel und den Knoblauch hinzugeben und 2 Minuten bei mittlerer Hitze glasig andünsten. Anschließend die Putenbrust hinzugeben und anbraten.
4. Sobald die Putenbrust gar ist, die Champignons hinzugeben und weitere 2–3 Minuten anbraten. Mit Geflügelfond ablöschen und mit Crème fraîche verfeinern.
5. Zum Andicken die Speisestärke mit 1 EL Wasser vermischen und unter die Sauce rühren.
6. Mit Salz und Pfeffer abschmecken.
7. Die Drelli auf zwei Teller verteilen, das Geschnetzelte darübergeben und mit Petersilie bestreut servieren.

GRÜNE FRÜHLINGS-
Minestrone

Nährwertangaben pro Portion:
395 kcal | 19,5 g Eiweiß | 12,9 g Fett | 48,8 g Kohlenhydrate | 6,0 g Ballaststoffe

ZUTATEN:

100 g Grüne-Erbsen-Spirelli
1 Schalotte
2 Frühlingszwiebeln
1 Zweig Thymian
200 g grüner Spargel
1 TL Olivenöl
100 g weiße Riesenbohnen (Dose)
80 g TK-Erbsen
500 ml Gemüsebrühe
Salz, Pfeffer
3 TL Pesto Verde

Zubereitungszeit | 30 Minuten

für 2 Personen

ZUBEREITUNG:

1. Die Grüne-Erbsen-Spirelli nach Packungsanleitung bissfest garen.
2. In der Zwischenzeit die Schalotte schälen und fein hacken. Die Frühlingszwiebeln waschen und in feine Ringe schneiden. Die Thymianblätter abzupfen, waschen und fein hacken. Den Spargel waschen, von den holzigen Enden befreien und anschließend in mundgerechte Stücke schneiden.
3. In einem Topf das Olivenöl erhitzen und die Schalottenwürfel glasig andünsten.
4. Die Riesenbohnen abtropfen lassen. Den Spargel, die Erbsen, Thymian und weiße Riesenbohnen mit in den Topf geben und mit der Gemüsebrühe aufgießen. Bei geschlossenem Deckel und mittlerer Hitze 5–7 Minuten köcheln lassen.
5. Kurz vor Garzeitende die Spirelli in der Suppe erwärmen. Die Minestrone nach Geschmack mit Salz und Pfeffer abschmecken.
6. Zum Servieren die Suppe mit Pesto Verde beklecksen, mit den gehackten Frühlingszwiebeln bestreuen und genießen.

ERDBEER-CAPRESE-DRELLI

mit Spargelpesto

Nährwertangaben pro Portion:
453 kcal | 21,5 g Eiweiß | 17,2 g Fett | 49,6 g Kohlenhydrate | 8,0 g Ballaststoffe

ZUTATEN:

120 g Grüne-Erbsen-Drelli
25 g Pinienkerne
125 g Erdbeeren
150 g Kirschtomaten
1 Stängel Basilikum
250 g grüner Spargel
1 Knoblauchzehe
2 EL Spargel-Kochwasser
1 EL Olivenöl
75 g Mozzarella
Salz, Pfeffer

Zubereitungszeit | 25 Minuten

für 2 Personen

ZUBEREITUNG:

1. Die Grüne-Erbsen-Drelli nach Packungsanleitung bissfest garen.
2. In der Zwischenzeit die Pinienkerne in einer Pfanne ohne Öl rösten.
3. Die Erdbeeren und Kirschtomaten waschen, trocknen und in Scheiben schneiden. Das Basilikum waschen und trocknen. Den grünen Spargel waschen, die holzigen Enden entfernen und in kochendem Salzwasser 2 Minuten blanchieren. Etwas Spargel-Kochwasser beiseitestellen.
4. Die Knoblauchzehe schälen und anschließend zusammen mit der Hälfte des grünen Spargels, dem Basilikum, der Knoblauchzehe, ¾ der Pinienkerne, 2 EL Spargel-Kochwasser und Olivenöl in einem hohen Rührbecher mit dem Pürierstab fein pürieren. Das Pesto mit Salz und Pfeffer abschmecken.
5. Den restlichen grünen Spargel in mundgerechte Stücke schneiden und den Mozzarella in Stücke zupfen.
6. Zum Servieren die Drelli mit dem Spargelpesto vermengen. Den restlichen Spargel, Erdbeeren, Kirschtomaten und Mozzarella unterheben. Nach Geschmack mit Salz und Pfeffer abschmecken und genießen.

SPIRELLI MIT
Artischocken und Linsensprossen

Nährwertangaben pro Portion:
454 kcal | 20,2 g Eiweiß | 17,1 g Fett | 49,6 g Kohlenhydrate | 6,2 g Ballaststoffe

ZUTATEN:

150 g Grüne-Erbsen-Spirelli

150 g in Salzlake eingelegte Artischockenherzen (Glas)

20 g Linsensprossen

25 g Mandeln

50 g Ziegenrahm (25 % Fett)

4 EL Artischocken-Sud

1 TL Olivenöl

Salz, Pfeffer

25 g Kapernäpfel (4 Stück)

Zubereitungszeit | 20 Minuten

für 2 Personen

ZUBEREITUNG:

1. Die Grüne-Erbsen-Spirelli nach Packungsanleitung bissfest garen.
2. In der Zwischenzeit die Artischockenherzen klein schneiden und etwas Sud beiseitestellen. Die Linsensprossen waschen, trocknen und grob hacken.
3. Die Mandeln grob hacken und anschließend in einer Pfanne ohne Öl rösten.
4. In einer Schüssel den Ziegenrahm, den Artischocken-Sud und das Olivenöl cremig rühren.
5. Nun die Spirelli mit den klein geschnittenen Artischocken, Linsensprossen und der Ziegenrahm-Creme vermengen. Mit Salz und Pfeffer abschmecken.
6. Zum Servieren mit den gehackten Mandeln bestreuen und die Kapernäpfel dazu reichen.

ERBSEN-
Poke-Bowl

Nährwertangaben pro Portion:
362 kcal | 15,8 g Eiweiß | 4,7 g Fett | 48,9 g Kohlenhydrate | 8,2 g Ballaststoffe

ZUTATEN:

125 g Grüne-Erbsen-Drelli
100 g bunte Kirschtomaten (rot, gelb, orange)
30 g Babyspinat
2 Frühlingszwiebeln
1 kleine Avocado
100 g Mais (Dose)
2 EL Hoisin-Sauce
2 EL Zitronensaft
2 TL Mandelmus (10 g)
1 TL schwarzer Sesam

Zubereitungszeit | 25 Minuten

für 2 Personen

ZUBEREITUNG:

1. Die Grüne-Erbsen-Drelli nach Packungsanleitung bissfest garen.
2. In der Zwischenzeit die Kirschtomaten, den Babyspinat und die Frühlingszwiebeln waschen und trocknen. Die Kirschtomaten halbieren und die Frühlingszwiebeln in dünne Ringe schneiden. Mit einem scharfen Messer die Avocado halbieren, entkernen, aus der Schale lösen und in dünne Scheiben schneiden. Mais abtropfen lassen.
3. Nun Drelli, Kirschtomaten, Babyspinat, Frühlingszwiebeln, Avocadoscheiben und den Mais in zwei Bowls dekorativ anrichten.
4. Für das asiatische Mandeldressing Hoisin-Sauce, 4 EL Wasser, Zitronensaft und Mandelmus in eine Schüssel geben und cremig rühren.
5. Die Bowls mit dem Dressing beträufeln und mit schwarzem Sesam bestreut genießen.

PASTA À LA
Avocado-Creme

Nährwertangaben pro Portion:
335 kcal | 13,5 g Eiweiß | 10,6 g Fett | 40,7 g Kohlenhydrate | 8,6 g Ballaststoffe

ZUTATEN:

125 g Grüne-Erbsen-Drelli
1 reife Avocado
70 g Kirschtomaten (6 Stück)
1 Stängel Buschbasilikum
1 rote Zwiebel
1 Knoblauchzehe
2 EL Pastawasser
Saft von ½ Zitrone
Salz, Pfeffer
Chilipulver

Zubereitungszeit | 20 Minuten

für 2 Personen

ZUBEREITUNG:

1. Die Grüne-Erbsen-Drelli nach Packungsanleitung bissfest garen. Etwas Pastawasser zurückbehalten.
2. In der Zwischenzeit die Avocado mit einem scharfen Messer halbieren und entkernen. Nun die Kirschtomaten waschen, trocknen und halbieren. Die Blätter vom Buschbasilikum abzupfen, waschen und zur Seite legen. Die Zwiebel und die Knoblauchzehe schälen und fein hacken.
3. Die Avocado auslösen und in einer hohen Rührschüssel zusammen mit der Zwiebel, dem Knoblauch, dem Pastawasser und dem Zitronensaft cremig pürieren.
4. Mit Salz, Pfeffer und Chilipulver abschmecken.
5. Die Drelli mit der Avocado-Creme und den Tomaten vermischen. Buschbasilikum darüber streuen und genießen.

DRELLI MIT SPINAT-
Möhren-Sauce

Nährwertangaben pro Portion:
404 kcal | 19,4 g Eiweiß | 7,7 g Fett | 57,5 g Kohlenhydrate | 9,0 g Ballaststoffe

ZUTATEN:

150 g Grüne-Erbsen-Drelli
1 rote Zwiebel
200 g Blattspinat
125 g Kirschtomaten
150 g in Salzlake eingelegte Artischocken (Glas)
1 TL Olivenöl
50 ml Hafercreme Cuisine
1 TL Speisestärke
100 ml Möhrensaft (ohne Zuckerzusätze)
1 TL scharfer Ajvar
Salz, Pfeffer
frisch geriebene Muskatnuss

Zubereitungszeit | 20 Minuten

für 2 Personen

ZUBEREITUNG:

1. Die Grüne-Erbsen-Drelli nach Packungsanleitung bissfest garen.
2. In der Zwischenzeit die rote Zwiebel schälen und fein hacken. Den Blattspinat und die Kirschtomaten waschen und trocknen. Die Kirschtomaten und die abgetropften Artischocken halbieren.
3. In einer Pfanne das Olivenöl erhitzen und die rote Zwiebel darin glasig andünsten. Den Blattspinat hinzugeben, bis er leicht in sich zusammenfällt.
4. Die Hafercreme mit der Speisestärke verrühren und zusammen mit dem Möhrensaft und dem Ajvar zum Blattspinat geben.
5. Die Sauce bei mittlerer Temperatur so lange weiterköcheln lassen, bis sie leicht andickt.
6. Nun die Drelli, die Kirschtomaten und die Artischocken unterrühren.
7. Mit Salz, Pfeffer und Muskat abschmecken und genießen.

Tipp:

Wer einen Entsafter besitzt, sollte die Spinat-Möhrensauce mit frisch gepresstem Möhrensaft zubereiten.

KONJAK-
Nudeln

THUNFISCH-NUDELSALAT
mit Oliven

Nährwertangaben pro Portion:
231 kcal | 20,9 g Eiweiß | 15,0 g Fett | 2,4 g Kohlenhydrate | 1,0 g Ballaststoffe

ZUTATEN:

200 g Shirataki-Spaghetti

1 rote Zwiebel

1 Knoblauchzehe

185 g Thunfisch (Dose, Abtropfgewicht 140 g)

30 g grüne Oliven

25 g Linsensprossen

1 TL Olivenöl

75 g Ziegenrahm (25 % Fett)

Salz, Pfeffer

Zubereitungszeit | 20 Minuten

für 2 Personen

ZUBEREITUNG:

1. Die Shirataki-Spaghetti unter fließendem Wasser kalt abspülen, bis sie neutral riechen. Anschließend nach Packungsanleitung weiterverarbeiten.
2. In der Zwischenzeit die Zwiebel und Knoblauchzehe schälen und fein hacken. Den Thunfisch abtropfen und die Oliven halbieren. Die Linsensprossen waschen, trocknen und grob hacken.
3. In einer Pfanne das Olivenöl erhitzen. Den Knoblauch darin anbraten, die Spaghetti hinzugeben und bei mittlerer Hitze 2 Minuten anbraten.
4. Anschließend die Shirataki-Spaghetti mit den roten Zwiebeln, Thunfisch, Oliven, Linsensprossen und Ziegenrahm vermengen.
5. Nach Geschmack mit Salz und Pfeffer würzen und genießen.

SCHARFER ZUCKERSCHOTEN-Nudelsalat

Nährwertangaben pro Portion:
212 kcal | 7,7 g Eiweiß | 14,5 g Fett | 9,0 g Kohlenhydrate | 3,2 g Ballaststoffe

ZUTATEN:

250 g Shirataki-Spaghetti
200 g Zuckerschoten
¼ Bund glatte Petersilie
1 Knoblauchzehe
50 g schwarze Oliven
60 g Mozzarella
1 EL Olivenöl
1 EL Ajvar
2 TL Saaten (z. B. Sonnenblumenkerne, Kürbiskerne, Sesam)
Salz, Pfeffer

Zubereitungszeit | 20 Minuten

für 2 Personen

ZUBEREITUNG:

1. Die Shirataki-Spaghetti unter fließendem Wasser kalt abspülen, bis sie neutral riechen. Anschließend nach Packungsanleitung weiterverarbeiten.
2. Die Zuckerschoten waschen und in kleine Stücke schneiden. In einem Topf Salzwasser zum Kochen bringen und die Zuckerschoten 2 Minuten blanchieren.
3. Die Petersilie waschen, trocken schleudern und grob hacken. Die Knoblauchzehe schälen und fein hacken. Nun die Oliven halbieren und den Mozzarella klein schneiden.
4. In einer Pfanne das Olivenöl erhitzen. Die zerkleinerte Knoblauchzehe darin andünsten.
5. Die Zuckerschoten und Shirataki-Spaghetti in die Pfanne geben und für 2–3 Minuten bei mittlerer Hitze anbraten.
6. In einer Schüssel die gebratenen Nudeln mit der gehackten Petersilie, Oliven, Mozzarella, Ajvar und den Saaten vermengen.
7. Nach Geschmack mit Salz und Pfeffer würzen und genießen.

SPAGHETTI MIT PAPRIKA-
Walnuss-Pesto & Radicchio

Nährwertangaben pro Portion:
279 kcal | 8,9 g Eiweiß | 20,6 g Fett | 10,0 g Kohlenhydrate | 4,8 g Ballaststoffe

ZUTATEN:

300 g Shirataki-Spaghetti
1 rote Paprika
35 g Walnusskerne
1 Knoblauchzehe
25 g geriebener Parmesan
2 TL Olivenöl
Salz, Pfeffer
125 g Radicchio
1 TL Honig

Zubereitungszeit | 20 Minuten
Backzeit | 40 Minuten

für 2 Personen

ZUBEREITUNG:

1. Die Shirataki-Spaghetti unter fließendem Wasser kalt abspülen, bis sie neutral riechen. Anschließend nach Packungsanleitung weiterverarbeiten.
2. In der Zwischenzeit eine Auflaufform bereitstellen und den Backofen auf 220 °C Ober-/Unterhitze vorheizen. Die rote Paprikaschote waschen, entkernen, vierteln und anschließend 40 Minuten in der Auflaufform im Backofen rösten.
3. Die Walnüsse in einer Pfanne ohne Fett rösten.
4. Nun die Knoblauchzehe schälen und zusammen mit den gerösteten Walnüssen, dem Parmesan, der gerösteten Paprika und 1 TL Olivenöl fein pürieren. Das Pesto nach Geschmack mit Salz und Pfeffer abschmecken.
5. Radicchio waschen, trocknen und in feine Streifen schneiden.
6. In einer Pfanne das restliche Olivenöl erhitzen. Den Honig und den Radicchio hinzugeben und 1–2 Minuten bei mittlerer Hitze anschwenken.
7. Anschließend die Nudeln hinzugeben und mit dem Pesto vermengt servieren und genießen.

SPAGHETTI
Aglio e Olio

Nährwertangaben pro Portion:
69 kcal | 1,22 g Eiweiß | 5,8 g Fett | 2,5 g Kohlenhydrate | 0,6 g Ballaststoffe

ZUTATEN:

300 g Shirataki-Spaghetti
4 Knoblauchzehen
6 Basilikumblätter
1 rote Chilischote
2 TL Olivenöl
100 g Kirschtomaten
Salz, Pfeffer

Zubereitungszeit | 15 Minuten

für 2 Personen

ZUBEREITUNG:

1. Die Shirataki-Spaghetti unter fließendem Wasser kalt abspülen, bis sie neutral riechen. Anschließend nach Packungsanleitung weiterverarbeiten.
2. Die Knoblauchzehen schälen. Die Basilikumblätter waschen. Die Chilischote längs halbieren, entkernen und mit dem Knoblauch, 1 TL Olivenöl und den Basilikumblättern fein pürieren. Die Kirschtomaten waschen und vierteln.
3. Das restliche Olivenöl in einer Pfanne erhitzen. Die Spaghetti und das Aglio e Olio hinzugeben und kurz erwärmen.
4. Die Spaghetti mit den Kirschtomaten vermengen und nach Belieben mit Salz und Pfeffer abschmecken.

Tipp:
Nach Belieben noch mit frischen Basilikumblättern garnieren.

GEBRATENER CURRY-TOFU MIT *Edamame & Spaghetti*

Nährwertangaben pro Portion:
209 kcal | 12,5 g Eiweiß | 11,0 g Fett | 12,7 g Kohlenhydrate | 3,4 g Ballaststoffe

ZUTATEN:

300 g Shirataki-Spaghetti
100 g Tofu
2 Frühlingszwiebeln
1 TL Rapsöl
1 TL rote Currypaste
50 ml Orangensaft
50 ml Kokosmilch (fettreduziert)
100 g TK-Sojabohnenkerne (Edamame)
Salz, Pfeffer
1 TL schwarzer Sesam

Zubereitungszeit | 20 Minuten

für 2 Personen

ZUBEREITUNG:

1. Die Shirataki-Spaghetti unter fließendem Wasser kalt abspülen, bis sie neutral riechen. Anschließend nach Packungsanleitung weiterverarbeiten.
2. Den Tofu abtropfen lassen, mit einem Küchenkrepp abtrocknen und klein würfeln.
3. Die Frühlingszwiebeln waschen und in feine Ringe schneiden.
4. In einer Pfanne das Rapsöl erhitzen und Tofu darin anbraten. Die Currypaste hinzugeben und für 1 Minute anbraten. Nun den Orangensaft und die Kokosmilch hinzugeben und cremig rühren.
5. Die Sojabohnenkerne und die Spaghetti unter die Currycreme rühren und darin erhitzen. Nach Geschmack mit Salz und Pfeffer abschmecken.
6. Die Spaghetti mit schwarzem Sesam und den Frühlingszwiebeln bestreut genießen.

ASIATISCHE NUDELPFANNE
mit Garnelen

Nährwertangaben pro Portion:
285 kcal | 31,7 g Eiweiß | 9,4 g Fett | 15,3 g Kohlenhydrate | 5 g Ballaststoffe

ZUTATEN:

200 g Shirataki-Spaghetti
200 g Pak Choi
½ gelbe Paprika
2 Frühlingszwiebeln
1 kleine Möhre (80 g)
1 EL Sesamöl
125 g Sojasprossen
200 g Garnelen (küchenfertig)
2 EL Teriyaki-Sauce
2 EL Sojasauce

Zubereitungszeit | 20 Minuten

für 2 Personen

ZUBEREITUNG:

1. Die Konjak-Nudeln unter fließendem Wasser kalt abspülen, bis sie neutral riechen. Anschließend nach Packungsanleitung weiterverarbeiten.
2. Den Pak Choi, die Paprika und die Frühlingszwiebeln waschen, trocknen und klein schneiden. Die Möhre schälen und in dünne Stifte schneiden.
3. In einer Pfanne das Sesamöl erhitzen. Währenddessen die Sojasprossen waschen und verlesen.
4. Das vorbereitete Gemüse, die Sojasprossen, die Garnelen und Nudeln hinzugeben und 3–5 Minuten bei mittlerer Hitze anbraten.
5. Mit Teriyaki-Sauce und Sojasauce abschmecken und genießen.

lange er sich
can endure

SCHNELLES ASIA-Süppchen

Nährwertangaben pro Portion:
157 kcal | 8,1 g Eiweiß | 8,5 g Fett | 9,8 g Kohlenhydrate | 3,6 g Ballaststoffe

ZUTATEN:

250 g Shirataki-Spaghetti
2 Frühlingszwiebeln
1 Möhre (120 g)
10 g Bio-Ingwer
60 g Champignons (ca. 4 Stück)
120 g Pak Choi
1 TL Chiliflocken
1 EL Sesamöl
6 EL Sojasauce

Zubereitungszeit | 20 Minuten

für 2 Personen

ZUBEREITUNG:

1. Die Nudeln unter fließendem Wasser kalt abspülen, bis sie neutral riechen. Anschließend nach Packungsanleitung weiterverarbeiten.
2. In der Zwischenzeit die Frühlingszwiebeln waschen und in feine Röllchen schneiden. Die Möhre schälen und in dünne Stifte schneiden. Den Ingwer waschen und mit Schale fein reiben. Die Champignons und den Pak Choi putzen und klein schneiden.
3. Die Konjak-Nudeln, das vorbereitete Gemüse und die Chiliflocken auf zwei Einmachgläser mit je 500 ml Fassungsvermögen verteilen. In einem weiteren kleinen Einmachglas das Sesamöl mit der Sojasauce vermischen.
4. Alle Behältnisse bis zur Zubereitung der Asia-Suppe im Kühlschrank lagern.
5. Kurz vor dem Verzehr die Sauce auf die beiden Einmachgläser verteilen und jedes Glas jeweils mit 300 ml kochendem Wasser aus dem Wasserkocher übergießen.
6. 3–5 Minuten bei geschlossenem Deckel ziehen lassen und anschließend genießen.

Tipp:

Am besten am Vorabend vorbereiten und am nächsten Tag in der Mittagspause genießen.

LINSEN-MÖHREN-DAL
mit Spaghetti

Nährwertangaben pro Portion:
336 kcal | 20,8 g Eiweiß | 4,2 g Fett | 46,4 g Kohlenhydrate | 10,1 g Ballaststoffe

ZUTATEN:

200 g Shirataki-Spaghetti
10 g Bio-Ingwer
1 rote Zwiebel
1 kleine Möhre (70 g)
1 TL Rapsöl
1 TL Kreuzkümmel
½ TL Kurkuma
1 TL edelsüßes Paprikapulver
1 TL Chilipulver
400 g Linsen (Dose)
100 g gehackte Tomaten (Dose)
1 getrocknete persische Limette
1 TL Rohrzucker
Salz
4 Stängel Koriander
2 EL Joghurt (0,1% Fett)

Zubereitungszeit | 25 Minuten

für 2 Personen

ZUBEREITUNG:

1. Die Shirataki-Spaghetti unter fließendem Wasser kalt abspülen, bis sie neutral riechen. Anschließend nach Packungsanleitung weiterverarbeiten.
2. Den Ingwer waschen und mit Schale fein reiben. Die rote Zwiebel schälen und fein hacken. Die Möhre schälen und fein reiben.
3. Das Rapsöl in einem Topf erhitzen. Ingwer und Zwiebel darin glasig andünsten.
4. Nun Kreuzkümmel, Kurkuma, Paprikapulver und Chilipulver hinzugeben und kurz mit anbraten.
5. Die geriebene Möhre, Linsen mit Flüssigkeit, die gehackten Tomaten, die persische Limette und den Rohrzucker hinzugeben. Bei kleiner Hitze und geschlossenem Deckel 8 Minuten köcheln lassen. Anschließend mit Salz abschmecken und die persische Limette entfernen.
6. Den Koriander waschen, trocken schleudern und fein hacken.
7. Das Linsen-Möhren-Dal mit den Spaghetti, dem Joghurt und dem gehackten Koriander anrichten und genießen.

PAPAYA-RINDFLEISCH-
Salat

Nährwertangaben pro Portion:
227 kcal | 21,4 g Eiweiß | 10,4 g Fett | 10,6 g Kohlenhydrate | 2,4 g Ballaststoffe

ZUTATEN:

250 g Shirataki-Spaghetti
1 kleine rote Zwiebel
1 kleine Papaya (300 g)
200 g Salatgurke
180 g Rindfleisch
2 TL Sesamöl
1 Stängel Zitronenmelisse
1 EL Sojasauce, nach Belieben

Zubereitungszeit | 20 Minuten

für 2 Personen

ZUBEREITUNG:

1. Die Shirataki-Spaghetti n unter fließendem Wasser kalt abspülen, bis sie neutral riechen. Anschließend nach Packungsanleitung weiterverarbeiten.
2. Die Zwiebel schälen und fein hacken. Nun die Papaya halbieren, entkernen, schälen und mit einem Julienre-Schneider in dünne Streifen schneiden. Die Salatgurke waschen, trocknen und mit einem Sparschäler in dünne Streifen schneiden. Das Rindfleisch mit einem scharfen Messer ebenfalls in dünne Scheiben schneiden.
3. In einer Pfanne das Sesamöl erhitzen und das Rindfleisch bei mittlerer Temperatur anbraten. Das Fleisch einschließlich dem Bratensaft in eine große Schüssel geben und mit den vorbereiteten Zutaten vorsichtig vermengen.
4. Die Zitronenmelisse waschen und die Blätter abzupfen. Nach Belieben mit Sojasauce abschmecken unc mit Zitronenmelisse dekoriert servieren.

Tipp:

An einem heißen Sommertag sorgt dieser fruchtige Papaya-Rindfleisch-Salat für die nötige Abkühlung. Den Salat nach der Zubereitung sofort genießen, da er sehr saftig ist und die Papaya sonst zu viel Saft zieht.

SPAGHETTI MIT SCHMORTOMATEN-
Hackfleischsauce

Nährwertangaben pro Portion:
190 kcal | 23,8 g Eiweiß | 6,2 g Fett | 7,1 g Kohlenhydrate | 2,8 g Ballaststoffe

ZUTATEN:

250 g Shirataki-Spaghetti
1 Knoblauchzehe
1 rote Zwiebel
200 g Kirschtomaten (rot, gelb)
4 Blätter Basilikum
100 g Blattspinat
1 TL Rapsöl
2 TL edelsüßes Paprikapulver
180 g Rindertatar
1 TL Ajvar
150 ml Tomatensaft
Salz, Pfeffer

Zubereitungszeit | 20 Minuten

für 2 Personen

ZUBEREITUNG:

1. Die Shirataki-Spaghetti unter fließendem Wasser kalt abspülen, bis sie neutral riechen. Anschließend nach Packungsanleitung weiterverarbeiten.
2. Nun die Knoblauchzehe und die Zwiebel schälen und beides fein hacken. Die Kirschtomaten waschen, trocknen und halbieren. Das Basilikum und den Blattspinat ebenfalls waschen und trocknen.
3. In einem Topf das Rapsöl erhitzen. Darin Knoblauch, Zwiebel und Paprikapulver kurz anbraten. Das Rindertatar hinzugeben und bei mittlerer Temperatur krümlig anbraten.
4. Ajvar, Kirschtomaten, Basilikum und Blattspinat hinzugeben.
5. Mit Tomatensaft ablöschen, Shirataki-Spaghetti hinzugeben und bei geschlossenem Deckel 5 Minuten köcheln lassen. Salzen und pfeffern.
6. Die Schmortomaten-Hackfleischsauce mit den Konjak-Nudeln servieren und genießen.

REGISTER

ÜBER DIE
Autorin

Sabrina Sue Daniels arbeitet als Fotografin und Foodstylistin. Auf ihrem Blog www.sabrinasue.de und in ihren Büchern „Supersnacks & Powerfood“, „Mittagsglück im Glas“ und „Glutenfrei backen“ zeigt sie neben vegetarischen auch vegane Leckereien, glutenfreie Kompositionen und weitere Köstlichkeiten, die Lust auf mehr machen!

NOCH MEHR
Bücher

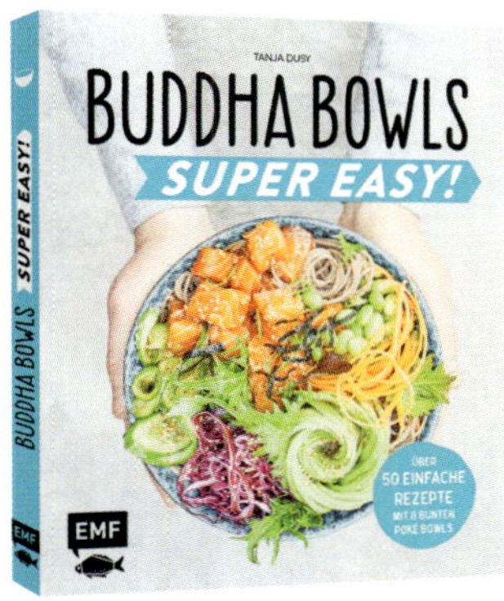

Buddha Bowls - Super Easy!
978-3-96093-**278**-9
17,00 € (DE) | 17,50 € (AT)

So leicht geht schlank! – Das einfachste Abnehmbuch der Welt
978-3-96093-**330**-4
15,00 € (DE) | 15,50 € (AT)

Low Carb Abendessen
Über 50 schnelle und gesunde Gerichte mit wenig Kohlenhydraten
978-3-96093-**538**-4
15,00 € (DE) | 15,50 € (AT)

Intervallfasten für Berufstätige – Schlank und gesund im Stundentakt
978-3-96093-**339**-7
15,00 € (DE) | 15,50 € (AT)

IMPRESSUM

Bibliografische Information der Deutschen Bibliothek.

Die Deutsche Bibliothek verzeichnet diese Publikation in der Deutschen Nationalbibliografie.

Detaillierte bibliografische Daten sind im Internet über http://www.dnb.de/ abrufbar.

EIN BUCH DER EDITION MICHAEL FISCHER

1. Auflage 2019

Covergestaltung: Daniela Appel

Projektleitung und Lektorat: Kira Uthoff

Layout: Meritt Hettwer

ISBN 978-3-96093-506-3

Gedruckt bei Polygraf Print, Čapajevova 44, 08001 Prešov, Slowakei

www.emf-verlag.de